Le fil

raconté pa

La g
des tranchées

Textes Fabrice Erre
Dessins Sylvain Savoia

DUPUIS

Fabrice Erre est docteur en histoire et professeur agrégé d'histoire-géographie. Il est l'auteur d'une thèse sur la presse satirique, du blog *Une année au lycée* sur le site web du *Monde* et de nombreux ouvrages de bande dessinée.

Sylvain Savoia est le dessinateur de la série *Marzi* qui raconte l'histoire de la Pologne vue par les yeux d'une enfant. Il est également l'auteur de l'album *Les esclaves oubliés de Tromelin* récompensé par le prix de l'Académie de marine de Paris.

Collection dirigée par
Frédéric Niffle et Lewis Trondheim

D.2018/0089/075 — R.02/2021.
ISBN 978-2-3903-4003-4
Éditions Dupuis s.a., rue Destrée 52, 6001 Marcinelle, Belgique.
Imprimé par Delabie-Lesaffre, ZI La Martinoire, bd de l'Eurozone 9, 7700 Mouscron, Belgique.
Achevé d'imprimer en janvier 2021.
WWW.DUPUIS.COM

YAAA !
HA ! HA ! HA !
PRENDS ÇA !!
HÉ ! HÉ ! ON A BIEN FAIT DE SE METTRE DANS CE TROU... ILS NE PEUVENT PAS NOUS ATTEINDRE !
MMH... C'EST VRAI, MAIS ON EST UN PEU PRIS AU PIÈGE AUSSI... COMME DANS LA GUERRE DES TRANCHÉES !
LA GUERRE DES TRANCHÉES ?
OUI, PENDANT LA PREMIÈRE GUERRE MONDIALE, DE 1914 À 1918, LES SOLDATS SE SONT ENTERRÉS ET LES COMBATS SONT DEVENUS INTERMINABLES !...

QUI A FAIT CETTE GUERRE ?
PRESQUE TOUS LES PAYS EUROPÉENS POUR COMMENCER... LES FRANÇAIS CONTRE LES ALLEMANDS, PAR EXEMPLE.
POUR RÉCUPÉRER L'ALSACE-LORRAINE...
AH BON ? LES FRONTIÈRES N'ÉTAIENT PAS COMME CELLES D'AUJOURD'HUI ?
PAS PARTOUT... LES DISPUTES AUTOUR DES FRONTIÈRES ONT ÉTÉ UNE DES RAISONS DE CETTE GUERRE DES TRANCHÉES.
IL Y AVAIT ÉNORMÉMENT DE RIVALITÉS EN EUROPE, LES GRANDES PUISSANCES VOULAIENT S'IMPOSER AUX AUTRES : FRANCE, ANGLETERRE, RUSSIE, ALLEMAGNE, AUTRICHE...
CE CONFLIT A COÛTÉ LA VIE À 10 MILLIONS DE SOLDATS ET PRESQUE AUTANT DE CIVILS : C'EST-À-DIRE PLUS QUE TOUTES LES GUERRES DU XIXe SIÈCLE RÉUNIES !

HEIN ? POURQUOI EST-CE QU'IL Y A EU AUTANT DE MORTS ?
EH BIEN, JUSTEMENT ...
LE FAIT DE CREUSER DES TRANCHÉES A EMPÊCHÉ DE FAIRE ÉVOLUER LE CONFLIT.
CHAQUE ARMÉE S'EST TROUVÉE BLOQUÉE SUR SES POSITIONS, À ESSAYER DE TUER LE PLUS D'ENNEMIS POSSIBLE EN FACE.
ET CHACUN APPORTAIT TOUJOURS PLUS D'HOMMES ET D'ARMES POUR TENIR BON...
EN FRANCE, PRESQUE TOUS LES HOMMES DE 18 À 48 ANS Y SONT ALLÉS.
ILS SAVAIENT QUE CE SERAIT AUSSI TERRIBLE ?
NON, TOUT LE MONDE CROYAIT QUE CE SERAIT UNE GUERRE COURTE...

AU DÉBUT, LES ARMÉES BOUGEAIENT. LES ALLEMANDS SONT ENTRÉS EN FRANCE...
MAIS LES FRANÇAIS ONT FAIT UNE CONTRE-OFFENSIVE POUR LES REPOUSSER : C'EST LA BATAILLE DE LA MARNE.
ALORS, POUR NE PAS PERDRE TOUT LE TERRAIN GAGNÉ, LES ALLEMANDS SE SONT PROTÉGÉS DANS DES TROUS, PUIS EN CREUSANT DES FOSSÉS QU' ON APPELLE DES "TRANCHÉES"...
ET LES FRANÇAIS ONT FAIT PAREIL POUR NE PAS ÊTRE REPOUSSÉS À NOUVEAU.
ILS NE POUVAIENT PAS SE CONTOURNER ?
SI. DU COUP, CHACUN A PROLONGÉ SA TRANCHÉE, JUSQU'À FORMER DES LIGNES DE PLUSIEURS CENTAINES DE KILOMÈTRES !

DEUX CAMPS SE SONT OPPOSÉS, LES "EMPIRES CENTRAUX" ET "L'ENTENTE".
L'ENTENTE
EMPIRES CENTRAUX
TRANCHÉES
ROYAUME-UNI
EMPIRE ALLEMAND
EMPIRE RUSSE
FRANCE
EMPIRE AUSTRO-HONGROIS
PORTUGAL
ITALIE
ROUMANIE
BULGARIE
EMPIRE OTTOMAN
SERBIE
GRÈCE
DES TRANCHÉES ONT ÉTÉ CREUSÉES SUR PLUSIEURS FRONTS, À L'OUEST ET AU SUD.
CELUI QUI SE TROUVAIT EN FRANCE S'ÉTENDAIT SUR PLUS DE 700 KM !
OUAH ! ÇA EN FAIT DE LA TERRE À DÉBLAYER !
ALORS PLUS PERSONNE NE POUVAIT AVANCER ?
NON, POUR ÇA, IL FALLAIT "PERCER" LE FRONT, C'EST-À-DIRE PRENDRE LA TRANCHÉE DE L'ENNEMI.
MAIS SI ON SORT, ON SE FAIT TIRER DESSUS !!
EH OUI ! C'EST POUR ÇA QUE CETTE GUERRE A ÉTÉ SI LONGUE ET SI MEURTRIÈRE : IL FALLAIT DÉFENDRE SA POSITION, ET IL ÉTAIT PRESQUE IMPOSSIBLE DE PRENDRE CELLE DE L'AUTRE !
PAN

POURTANT, ELLE N'A PAS L'AIR BIEN SOLIDE, CETTE TRANCHÉE ADVERSE…
HÉ ! BAISSE LA TÊTE !
AU DÉBUT, NON, MAIS TRÈS VITE, C'EST DEVENU UN SYSTÈME DÉFENSIF COMPLIQUÉ !
IL Y AVAIT PLUSIEURS LIGNES DE TRANCHÉES RELIÉES ENTRE ELLES PAR DES "BOYAUX" DE COMMUNICATION.
SI LA PREMIÈRE TRANCHÉE ÉTAIT PRISE, ON POUVAIT SE RÉFUGIER DANS LA DEUXIÈME, PUIS LA TROISIÈME, ETC.

POURQUOI EST-CE QUE C'EST CREUSÉ EN ZIGZAG ? C'EST UN VRAI LABYRINTHE !
TRANCH DU PETI BOIS
C'EST UNE FAÇON DE SE PROTÉGER CONTRE LES EXPLOSIONS OU LES TIRS.
ÇA NE PEUT PAS S'ÉCROULER ?
SI, BIEN SÛR ! C'EST POUR ÇA QUE TRÈS VITE, IL A FALLU CONSOLIDER AVEC DES SACS DE SABLE, DES PLANCHES, DU BÉTON, MÊME ...
ET PUIS CONSTRUIRE DES ABRIS, DES TOILETTES... LES TRANCHÉES SONT DEVENUES LE LIEU OÙ ONT VÉCU ET SONT MORTS DES MILLIONS DE SOLDATS.
DES SORTES DE FORTERESSES IMPROVISÉES DANS LA TERRE, POUR UNE GUERRE FAITE AVEC DES ARMES DE PLUS EN PLUS DESTRUCTRICES.

ÇA FAIT BIZARRE, ILS NE SONT VRAIMENT PAS LOIN, LES ADVERSAIRES. ON POURRAIT PRESQUE LES ATTEINDRE AVEC NOS BOULES DE NEIGE.
OUI, IL N'Y AVAIT SOUVENT QUE QUELQUES DIZAINES DE MÈTRES.
LES SOLDATS POUVAIENT S'ENTENDRE. IL LEUR ARRIVAIT DE SE CRIER DES PROVOCATIONS, DES INSULTES...
MAUDITS BOCHES !!!
À L'INVERSE, IL Y A EU DES FRATERNISATIONS. LE 25 DÉCEMBRE 1914, DES SOLDATS ANGLAIS ET ALLEMANDS, POURTANT ENNEMIS, ONT ÉCHANGÉ DE LA NOURRITURE, ÉCOUTÉ DES CHANTS DE NOËL...
ILS SE SONT MÊME RETROUVÉS POUR UN MATCH DE FOOTBALL.
SI SEULEMENT ILS AVAIENT PU RÉGLER CETTE GUERRE PAR UN MATCH OU UNE BATAILLE DE BOULES DE NEIGE...

MAIS CES TRÊVES, EXCEPTIONNELLES, SONT MAL VUES PAR LES CHEFS MILITAIRES.
POUR LES "ÉTATS-MAJORS", IL FALLAIT PRENDRE LA TRANCHÉE ADVERSE. TOUS LES EFFORTS DE LA TROUPE DEVAIENT SE CONCENTRER LÀ-DESSUS, QUELLES QUE SOIENT LES PERTES.
ET SI ON SORTAIT PAR SURPRISE TOUS ENSEMBLE ? ON POURRAIT FRANCHIR CETTE DISTANCE, NON ? EN COURANT VITE !...
C'EST CE QU'ON APPELLE UNE "SORTIE" OU UN ASSAUT... TOUS LES SOLDATS DE PREMIÈRE LIGNE DEVAIENT S'Y PRÉPARER.

PENDANT TOUT CE TEMPS, LEURS ENNEMIS LEUR TIRAIENT DESSUS AU FUSIL ET SURTOUT À LA MITRAILLEUSE, QUI POUVAIT ENVOYER 500 BALLES À LA MINUTE.

LES ASSAILLANTS ÉTAIENT FAUCHÉS PAR CES TIRS. CERTAINS BLESSÉS ÉTAIENT ABANDONNÉS, CAR IL ÉTAIT TROP DANGEREUX D'ALLER LES CHERCHER. ILS AGONISAIENT SUR LE CHAMP DE BATAILLE.

MAIS C'EST HORRIBLE !!!
C'EST LA GUERRE, NINO : ESSAYER DE FAIRE LE PLUS DE MAL POSSIBLE À L'AUTRE...
LA ZONE ENTRE LES TRANCHÉES EST DONC DEVENUE UN DÉSERT SURNOMMÉ LE "NO MAN'S LAND", IMPOSSIBLE À FRANCHIR...
IL N'Y AVAIT PLUS RIEN DE VIVANT, NI HOMMES, NI ANIMAUX, NI ARBRES... SEULEMENT DES BARBELÉS, DES TROUS D'OBUS, DE LA BOUE ET DES CADAVRES.

J' AI UNE IDÉE ! ET SI ON CREUSAIT UN TUNNEL ?
OUI, CERTAINS Y ONT PENSÉ, POUR ALLER DÉPOSER DES EXPLOSIFS SOUS LA TRANCHÉE ADVERSE.
MAIS QUAND ON DÉTECTAIT LE TUNNEL D'UN ENNEMI, ON FAISAIT UNE "CONTRE-MINE" POUR LE DÉTRUIRE ...
PSHHH
CERTAINES EXPLOSIONS CRÉAIENT DES TROUS DE 25 MÈTRES DE PROFONDEUR !
IL Y AVAIT AUSSI DES COMMANDOS SPÉCIALISÉS, LES "CORPS FRANCS", QUI SE GLISSAIENT DANS LES TRANCHÉES ADVERSES POUR UNE ATTAQUE-SURPRISE... MAIS ÇA NE CHANGEAIT PAS LA SITUATION.
ALORS SI PERSONNE NE POUVAIT GAGNER, IL FALLAIT ARRÊTER !
C'EST LE CONTRAIRE QUI S'EST PASSÉ...

PUISQUE LES ASSAUTS NE MARCHAIENT PAS, L'IDÉE A ALORS ÉTÉ D'ÉLIMINER L'ADVERSAIRE DANS SA TRANCHÉE **AVANT** DE LANCER UN ASSAUT.
LES MITRAILLEUSES ET LES FUSILS NE POUVAIENT PAS L'ATTEINDRE ...
... MAIS LES GRENADES, LES OBUS ET LES GAZ DE COMBAT LE POUVAIENT !
DES GAZ ??
OUI, COMME LE "GAZ MOUTARDE", QUI BRÛLAIT LA PEAU ET LES POUMONS ! LES SOLDATS DEVAIENT SE PROTÉGER AVEC DES MASQUES !
MAIS SI LE VENT TOURNE ?? IL PEUT NOUS REVENIR DESSUS !!!
NE RESTONS PAS LÀ !

D'ÉNORMES CANONS ÉTAIENT UTILISÉS POUR BOMBARDER L'ENNEMI DE LOIN...
LES ALLEMANDS SE SERVAIENT DE LA "GROSSE BERTHA", QUI TIRAIT À PLUS DE 10 KILOMÈTRES !

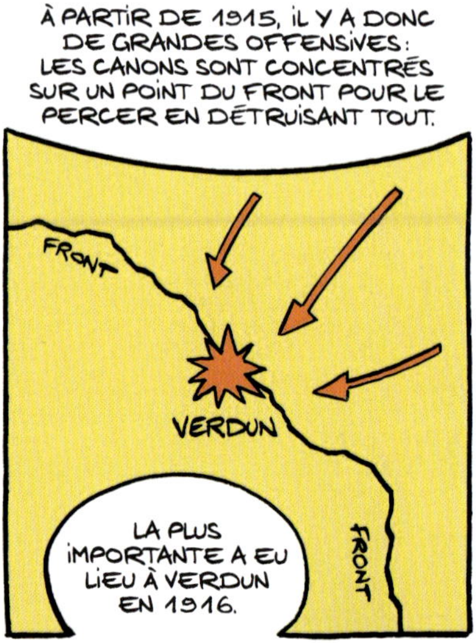
À PARTIR DE 1915, IL Y A DONC DE GRANDES OFFENSIVES : LES CANONS SONT CONCENTRÉS SUR UN POINT DU FRONT POUR LE PERCER EN DÉTRUISANT TOUT.
FRONT
VERDUN
FRONT
LA PLUS IMPORTANTE A EU LIEU À VERDUN EN 1916.

LES ALLEMANDS ONT ENVOYÉ **2 MILLIONS** D'OBUS LES DEUX PREMIERS JOURS !
UN DÉLUGE DE FEU !!
COURS !!!

C'EST IMPOSSIBLE D'EN SORTIR VIVANT !
POURTANT LES SOLDATS FRANÇAIS ONT RÉSISTÉ, ET ILS ONT REÇU DES RENFORTS PAR LA ROUTE QUI MÈNE À VERDUN, SURNOMMÉE "LA VOIE SACRÉE"...
ET ILS ONT BOMBARDÉ À LEUR TOUR...
RÉSULTAT : EN 10 MOIS DE COMBATS, 300 000 SOLDATS EN TOUT SONT MORTS À VERDUN, MAIS À LA FIN, LE FRONT N'A PAS BOUGÉ...
LES TRANCHÉES SE SONT RECONSTITUÉES PRESQUE AU MÊME ENDROIT...
C'EST DÉSES-PÉRANT !

MOI, J'AURAIS PAS SUPPORTÉ ÇA ! JE SERAIS RENTRÉ CHEZ MOI !
AH, ÇA M'ÉTONNERAIT ...
UN SOLDAT QUI REFUSE DE SE BATTRE EST UN DÉSERTEUR. IL PEUT ÊTRE CONDAMNÉ À MORT !
QUOI ?! MAIS ALORS, ON RISQUAIT SA VIE DES DEUX CÔTÉS ?!
PARFOIS, POUR LES OBLIGER À MONTER À L'ASSAUT, LEURS SUPÉRIEURS LES MENAÇAIENT AVEC UN PISTOLET !
LE PLUS SOUVENT, ON LEUR DONNAIT DE L'ALCOOL POUR LES RENDRE MOINS CONSCIENTS...
ET ILS NE RÉAGISSAIENT PAS ??
CERTAINS SE MUTILAIENT, EN SE TIRANT UNE BALLE DANS LA MAIN, PAR EXEMPLE... MAIS ILS ÉTAIENT JUGÉS AUSSI !

C'EST RÉVOLTANT !!
OUI, EN 1917, IL Y A EU DES "MUTINERIES" DANS LES ARMÉES DE TOUS LES PAYS.
DES GROUPES ENTIERS DE SOLDATS ONT REFUSÉ D'ALLER AU COMBAT ET SE SONT REBELLÉS.
C'EST BIEN FINI, C'EST POUR TOUJOURS, DE CETTE GUERRE INFÂME, C'EST À CRAONNE, SUR LE PLATEAU, QU'ON DOIT LAISSER SA PEAU, CAR NOUS SOMMES TOUS CONDAMNÉS, NOUS SOMMES LES SACRIFIÉS...
EN RUSSIE, CELA A FAVORISÉ UNE RÉVOLUTION QUI A FAIT CHUTER LE TSAR.
БРАТЬЯ
КОРМИТЕ
EN FRANCE, 554 MUTINS ONT ÉTÉ CONDAMNÉS À MORT ET L'ARMÉE A FINALEMENT CONTINUÉ LE COMBAT...

TOUT ÇA M'A ÉPUISÉ... OÙ EST-CE QUE JE PEUX ME REPOSER ?
BEN, LÀ...
QUOI ? PAR TERRE ? DANS LA BOUE ET DANS LA TERRE ? AVEC LES BOMBES AUTOUR ?
EH OUI, C'EST CE QUE FAISAIENT LA PLUPART DES SOLDATS.
MAIS J'AI SOMMEIL ET FAIM ! ET J'AI ENVIE DE PRENDRE UNE DOUCHE CHAUDE !
CERTAINES TRANCHÉES ÉTAIENT COUPÉES DE L'ARRIÈRE, DONC SANS RAVITAILLEMENT... IL FALLAIT SE DÉBROUILLER !
ET SE LAVER N'ÉTAIT GUÈRE POSSIBLE.
C'EST PARCE QU'ILS NE POUVAIENT PAS SE RASER QUE LES SOLDATS FRANÇAIS ÉTAIENT SURNOMMÉS "LES POILUS".
GRAT GRAT
MAIS ÇA VOULAIT SURTOUT DIRE "LES COURAGEUX".

SANS OUBLIER LES MALADIES, LES POUX...
LES RATS !!
SI MÊME LES ANIMAUX S'Y METTENT !
AH, CERTAINS ANIMAUX ÉTAIENT DE BONS COMPAGNONS. LES CHEVAUX, LES PIGEONS...
ET SURTOUT LES CHIENS, QUI SERVAIENT DE MESSAGERS, DE DÉRATISEURS, DE SECOURISTES...
CERTAINS ONT MÊME ÉTÉ DÉCORÉS, COMME STUBBY...
... NOMMÉ SERGENT DE L'ARMÉE AMÉRICAINE POUR AVOIR DÉMASQUÉ UN ESPION ALLEMAND DANS SA TRANCHÉE !

POUR OUBLIER LA PEUR ET CETTE VIE DIFFICILE, LES SOLDATS DESSINAIENT, SCULPTAIENT, CHANTAIENT, ÉCRIVAIENT DES JOURNAUX...
CRUCIFIX CONFECTIONNÉ AVEC DES BALLES.
NÉNETTE ET RINTINTIN, DES POUPÉES PORTE-BONHEUR.
LA BOMBE
Par la France
DOUILLE D'OBUS SCULPTÉE.
1917
JOURNAL DES TRANCHÉES.
BAGUES D'ALUMINIUM RÉCUPÉRÉES SUR DES TÊTES D'OBUS.

ILS POUVAIENT TÉLÉPHONER À LEUR FAMILLE ?
LES PORTABLES N'EXISTAIENT PAS ! ILS ÉCRIVAIENT DES LETTRES, MAIS ELLES ÉTAIENT LUES PAR LA CENSURE...
LE SOLDAT NE DEVAIT RIEN DIRE QUI PUISSE DÉMORALISER LES GENS DE "L'ARRIÈRE", LES CIVILS QUI TRAVAILLAIENT DUR POUR SOUTENIR L'EFFORT DE GUERRE !

MAIS ALORS, ÇA SE FINIT COMMENT, CET ENFER ? QUAND TOUT LE MONDE EST MORT ?
NON, LA SITUATION S'EST DÉBLOQUÉE EN 1918.
HÉ ! OÙ TU VAS ??
IL Y A EU DES CHANGEMENTS IMPORTANTS. VIENS VOIR DU CÔTÉ ALLEMAND...
EN 1918, LA RUSSIE ARRÊTE LA GUERRE APRÈS UNE DEUXIÈME RÉVOLUTION, LES ALLEMANDS CONCENTRENT ALORS LEURS FORCES À L'OUEST, SUR LE FRONT FRANÇAIS.
ILS VEULENT EN FINIR, CAR ILS SAVENT QUE LEUR PAYS, ÉPUISÉ NE TIENDRA PAS BEAUCOUP PLUS LONGTEMPS.

MAIS FACE À EUX, ILS TROUVENT LES AMÉRICAINS QUI SONT VENUS AIDER LES FRANÇAIS ET LES ANGLAIS.
CETTE ARMÉE EST TOUTE FRAÎCHE ET PRÊTE À SE LANCER ELLE AUSSI DANS DE GRANDES BATAILLES.

POURTANT, TU M'AS DIT QU'À VERDUN, ILS AVAIENT TOUS LANCÉ LEURS FORCES, MAIS QUE ÇA N'AVAIT PAS SUFFI.
C'EST VRAI, MAIS IL Y A UN AUTRE CHANGEMENT : DES PROGRÈS TECHNOLOGIQUES ULTRA-MODERNES !
VIENS VOIR SUR CETTE COLLINE !

LES CHARS ET LES AVIONS !!
MAIS... ILS SONT TOUT PETITS ET FRAGILES ! C'EST ÇA, TES TECHNIQUES ULTRA-MODERNES ?
OUI, MAIS POUR L'ÉPOQUE, C'EST UNE RÉVOLUTION ! L'AUTOMOBILE ET L'AVIATION VIENNENT TOUT JUSTE D'ÊTRE MISES AU POINT, ET SONT DÉJÀ ADAPTÉES À LA GUERRE...

C'EST VRAI QUE LES PREMIERS CHARS SONT LOURDS, ET QUE SI L'ON TIRE SUR LEUR RÉSERVOIR, ILS PRENNENT FEU...
MAIS PERFECTIONNÉS EN FRANCE PAR RENAULT, ILS PERMETTENT DE PASSER LE "NO MAN'S LAND" ET DE FRANCHIR LES TRANCHÉES ! ÇA CHANGE TOUT !

LES AVIONS SERVENT À ESPIONNER LES FORCES DE L'ADVERSAIRE, À FAIRE LES PREMIERS BOMBARDEMENTS AÉRIENS...
À LA MAIN ?!
ON INVENTE UNE MITRAILLEUSE CAPABLE DE TIRER À TRAVERS L'HÉLICE SANS LA DÉTRUIRE...
C'EST PLUS PRUDENT... ENFIN, POUR LE PILOTE...
C'EST LE DÉBUT DES COMBATS AÉRIENS : LA GUERRE GAGNE LE CIEL, LOIN DES TRANCHÉES !
CERTAINS AVIATEURS DEVIENNENT DES HÉROS : LE "BARON ROUGE" EN ALLEMAGNE, ROLAND GARROS EN FRANCE...

AVEC TOUT CELA, LE FRONT BOUGE À NOUVEAU EN 1918. LES TRANCHÉES N'ARRÊTENT PLUS L'ADVERSAIRE.
ON PARLE ALORS DE GUERRE "DE MOUVEMENT".
LES TRANCHÉES DISPARAISSENT ?
NON, EN DE NOMBREUX ENDROITS, LE FRONT TIENT ENCORE... MAIS PAS POUR LONGTEMPS...
EN NOVEMBRE 1918, LES "EMPIRES CENTRAUX" (ALLEMAGNE, AUTRICHE, EMPIRE OTTOMAN) S'EFFONDRENT ET DEMANDENT L'ARMISTICE.
L'ARMISTICE ??
OUI, LA FIN DES COMBATS.

DONG DONG DONG DONG DONG DONG
LE 11 NOVEMBRE 1918, À 11 HEURES, LES CLOCHES SONNENT PARTOUT POUR ANNONCER LA FIN DE CE QU'ON APPELLE DÉJÀ "LA GRANDE GUERRE".
HÉ ! TU PEUX ARRÊTER DE COURIR !!

LA GUERRE DES TRANCHÉES N'A PAS DURÉ TOUT LE TEMPS, ALORS ?
NON, C'EST LA PARTIE CENTRALE DE LA PREMIÈRE GUERRE MONDIALE, LA PLUS LONGUE, MAIS CE N'EST PAS ELLE QUI A PERMIS DE DÉPARTAGER LES VAINQUEURS ET LES VAINCUS.

ELLE EST DEVENUE LE SYMBOLE DES BATAILLES MEURTRIÈRES ET ABSURDES QUI ONT PRIS LA VIE DE TANT DE PERSONNES...

C'EST SURTOUT CETTE PARTIE DE LA GUERRE QUI A LAISSÉ DES TRACES TRÈS PROFONDES ET QU'ON NE VEUT PAS OUBLIER.
BEAUCOUP DE BLESSÉS ONT SURVÉCU AVEC DES "GUEULES CASSÉES" OU DES MALADIES NERVEUSES : CERTAINS ONT TREMBLÉ JUSQU'À LA FIN DE LEUR VIE !
LE PAYSAGE A LUI AUSSI GARDÉ DES CICATRICES... TOUTE LA ZONE DES COMBATS A ÉTÉ CLASSÉE "ZONE ROUGE" : C'EST UN TERRITOIRE DÉVASTÉ DONT IL A FALLU ENLEVER LES CADAVRES, LES MUNITIONS, LA POLLUTION LIÉE AUX BOMBARDEMENTS...
À VERDUN NOTAMMENT, IL Y A DE GIGANTESQUES CIMETIÈRES...
LES ARBRES ONT REPOUSSÉ, MAIS LE SOL RESTE PLEIN DE BOSSES.
CE SONT LES TRACES DES TROUS D'OBUS ET DES TRANCHÉES OÙ LES SOLDATS ONT VÉCU ET SONT MORTS.

LE VILLAGE DE FLEURY, PRÈS DE VERDUN, A ÉTÉ COMPLÈTEMENT DÉTRUIT. MAIS DES PANCARTES ONT ÉTÉ INSTALLÉES POUR EN GARDER LE SOUVENIR.
MAIRIE
ÉCOLE
ÉPICERIE
DANS BEAUCOUP D'ENDROITS, ON RETROUVE ENCORE, 100 ANS APRÈS, DES OBJETS ENTERRÉS, PARFOIS DES OBUS QUI N'ONT PAS EXPLOSÉ. C'EST TRÈS DANGEREUX, IL NE FAUT SURTOUT PAS Y TOUCHER !

ET PUIS DES TRACES EXISTENT AUSSI TRÈS LOIN DU FRONT, CAR BEAUCOUP DE SOLDATS ONT QUITTÉ LEUR VILLAGE OU LEUR PAYS POUR VENIR SE BATTRE DANS LES TRANCHÉES...
TOUS LES VILLAGES DE FRANCE ONT ÉRIGÉ UN MONUMENT AUX MORTS POUR INSCRIRE LES NOMS DE CEUX QUI N'EN SONT PAS REVENUS.
CHAQUE ANNÉE, LE 11 NOVEMBRE, ON LIT CES NOMS EN PUBLIC.
IL N'Y A PAS QUE LES VILLAGES DE FRANCE QUI SONT CONCERNÉS, DES SOLDATS DU MONDE ENTIER SONT VENUS SUR LES FRONTS D'EUROPE...
OCÉANIENS
AFRICAINS
ASIATIQUES
AMÉRICAINS

OH LÀ LÀ... JE N'AI PLUS TRÈS ENVIE DE FAIRE UNE BATAILLE DE BOULES DE NEIGE, DU COUP.
PARMI LES SURVIVANTS, BEAUCOUP SONT DEVENUS PACIFISTES : ILS NE VOULAIENT PLUS JAMAIS VOIR LA GUERRE...
D'AUTRES, AU CONTRAIRE, ONT ÉTÉ MARQUÉS PAR SA VIOLENCE, LA "BRUTALISATION" DES ESPRITS ...
HITLER, PAR EXEMPLE, AVAIT COMBATTU DANS LES TRANCHÉES.
HITLER ?? IL A FAIT CETTE GUERRE ET IL EN EST SORTI VIVANT !?
OUI. IL A ENSUITE REGROUPÉ BEAUCOUP D'ANCIENS SOLDATS DANS SON PARTI, ET IL A FINALEMENT DÉCLENCHÉ UN NOUVEAU CONFLIT...
BON, BEN, MOI, JE SAIS CE QU'IL ME RESTE À FAIRE...

QU'EST-CE QUE TU FABRIQUES ?
JE CHOISIS LE PACIFISME ...
ET UN BON CHOCOLAT CHAUD À LA MAISON !
HÉ ! ON ABANDONNE LE TERRAIN AUX VOISINS ?
ON REVIENDRA PLUS TARD FAIRE UN BONHOMME DE NEIGE QUAND ILS SERONT CALMÉS !
HA ! HA ! SUPER IDÉE !
YAAA !!

Pour en savoir plus...

Quelques personnages historiques

Guillaume Apollinaire
(1880-1918)

Né à Rome d'une mère polonaise sujette de l'empire russe, Guillaume vit en France à partir de 1887. Poète ami de Picasso, de Derain et du Douanier Rousseau, il s'engage comme soldat dès 1914, bien que n'étant pas français. Une semaine après sa naturalisation en 1916, il est blessé à la tête. Affaibli, il meurt de la grippe espagnole, deux jours avant l'armistice.

Otto Dix
(1891-1969)

Né dans l'Empire allemand, Otto suit des études d'art lorsqu'il est mobilisé en 1914. Blessé plusieurs fois sur les fronts de France et de Russie, il est marqué par les horreurs des tranchées. Il peint alors des scènes de guerre et des "gueules cassées". Sous le régime nazi, il est persécuté comme "artiste dégénéré" et est forcé de participer à la Seconde Guerre mondiale où il est fait prisonnier.

Lazare Ponticelli

(1897-2008)

Né en Italie, Lazare s'engage dans l'armée française dès 1914, en mentant sur son âge.
En 1915, il est obligé de rejoindre l'armée italienne qui vient d'entrer en guerre.
Blessé par un éclat d'obus, il revient au front en 1918.
Lazare est mort en mars 2008, à l'âge de 110 ans : il était le dernier "poilu".

Le soldat inconnu

Beaucoup de soldats ont disparu, leur corps ayant été déchiqueté par les explosions ou enseveli sur le champ de bataille, dans des fosses communes. Pour leur rendre hommage et permettre aux familles qui n'ont pu enterrer leur proche, le corps d'un soldat non identifié est enterré en 1920 sous l'Arc de triomphe à Paris. Des tombes similaires existent au Royaume-Uni, en Belgique, Allemagne, Italie, Serbie, Pologne...

Équipements et uniformes

La guerre des tranchées a obligé les armées à adapter l'uniforme des soldats. Elles ont toutes remplacé les casquettes par des casques, pour une meilleure protection contre les éclats d'obus.

Les alliés

Le soldat français du début de la guerre est bien mal protégé. Outre sa casquette, il porte un pantalon rouge vif qui en fait une cible bien visible pour l'ennemi.

L'uniforme français au début de la guerre, en août 1914.

L'uniforme français à partir de l'automne 1915.

Fin 1914, il porte un uniforme "bleu horizon" qui se confond davantage dans le paysage. En 1915, il est équipé du casque "Adrian", qui sera adopté par presque tous les alliés de la France :

Belges

Russes

Grecs

Italiens

Anglais

Les empires centraux

Le soldat allemand portait dès le début de la guerre le casque à pointe des militaires prussiens, datant de 1842. Il était en cuir bouilli cerclé de fer. Mais cet appendice symbolique était facilement repérable par l'ennemi, et à partir de 1916, il est remplacé par un casque en acier.

L'uniforme de l'Empire austro-hongrois et des Turcs (les alliés de l'Allemagne) est assez semblable, mis à part le casque turc, le "Kabalak".

Allemands

Austro-hongrois

Turcs

L'usage des gaz de combat a obligé tous les soldats à se servir de masques à gaz. On ne distingue même plus le visage de ses compagnons ou de ses ennemis.

Le fil chronologique

28 juin 1914
L'assassinat de l'archiduc François-Ferdinand à Sarajevo entraîne une menace de guerre.

Août 1914
La guerre est déclarée entre les grandes puissances européennes.

Juillet à novembre 1916
BATAILLE DE LA SOMME
Les Britanniques et les Français échouent à percer le front. Des chars sont utilisés pour la première fois.

Février à octobre 1917
RÉVOLUTIONS RUSSES
Le tsar est renversé, puis le pouvoir est conquis par les communistes.

Avril 1917
Les États-Unis d'Amérique entrent en guerre aux côtés de la France et de l'Angleterre.

Mars 1918
La Russie sort de la guerre.

Octobre 1914

Les premières tranchées sont creusées à l'Ouest, sur les sols français et belge. C'est le début de la guerre "de position".

Avril 1915 à janvier 1916

BATAILLE DES DARDANELLES
Des tranchées sont creusées en Europe du Sud.

Avril à mai 1915

BATAILLE D'YPRES
Des gaz de combat (gaz moutarde ou "ypérite") sont utilisés pour la première fois.

Février à décembre 1916

BATAILLE DE VERDUN
Les Allemands échouent à percer le front.

Juillet 1918

Les Alliés font une percée contre les Allemands. Retour de la guerre "de mouvement".

11 novembre 1918

L'armistice met fin aux combats.

Dans la même collection

ANTIQUITÉ

La pyramide de Khéops
La Grande Muraille de Chine
Les Gaulois
Les gladiateurs

MOYEN ÂGE

Les Vikings
Les croisades
La peste
Les samouraïs

TEMPS MODERNES

L'esclavage
Louis XIV

ÉPOQUE CONTEMPORAINE

Napoléon
La découverte des dinosaures
L'or noir
Albert Einstein
La guerre des tranchées
Marie Curie
Gandhi
Le Titanic
Le mur de Berlin
Le premier pas sur la Lune